Mis memorias de España

Sausan El Burai Félix

Copyright © 2019 Sausan El Burai Félix

All rights reserved.

ISBN: 9781793143839

Para aquellos que buscan sumergirse en la belleza de otras culturas.

Catedral Basílica Metropolitana de la Santa *Cruz y Santa Eulalia, Barcelona, España*

Ocas en el claustro, Catedral Basílica Metropolitana de la Santa *Cruz*,
Barcelona, España

Catedral de la Sagrada Familia, Barcelona, España

Catedral de la Sagrada Familia, Barcelona, España

Fuente de Neptuno, *Plaza* de *Cánovas del Castillo, Barcelona, España*

Congreso De Los Diputados, Barcelona, España

Abanicos de mano, Tienda de souvenirs, Barcelona, España

Acueductos Romanos, Segovia, España

Monjas entrando a la Iglesia, Salamanca, España

Exposición artística, Madrid, España

Mercado San Miguel, Barcelona, España

Turismo en *segway*, Barcelona, España

Edificio Metrópolis, Madrid, España

Plaza Mayor, Salamanca, España

Convento de San Esteban, Salamanca, España

Bailarinas de Flamenco, Palacio de Congresos, Salamanca, España

Desayuno en hospedaje estudiantil, Salamanca, España

Ensalada fresca de temporada, Mérida, España

Catedral de Salamanca, Salamanca, España

Flores rosadas, Mérida, España

Monumento Romano, Templo de Diana, Mérida, España

Teatro Romano, Mérida, España

Paella de mariscos y vegetales, Salamanca, España

Casa de las Conchas, Salamanca, España

Estadio Santiago Bernabeu, Madrid, España

SOBRE LA AUTORA

Sausan El Burai Félix ejerce como educadora del idioma español a nivel secundario en los Estados Unidos. Actualmente, se encuentra completando una Especialidad en Pedagogía del Español de la Universidad de Auburn. Su pasión por la enseñanza, la continua llevando a escribir cuentos y libros informativos para niños y jóvenes. Entre ellos, Vuela alto, ¿Sabías que…?, y La Ceiba. Este último siendo su más reciente publicación.
En su tiempo libre, disfruta escribir, leer, viajar, y comunicarse con sus seres queridos.

www.ingramcontent.com/pod-product-compliance
Lightning Source LLC
Chambersburg PA
CBHW031508210526
45463CB00003B/1131